BEI GRIN MACHT SICH IHR WISSEN BEZAHLT

- Wir veröffentlichen Ihre Hausarbeit, Bachelor- und Masterarbeit

- Ihr eigenes eBook und Buch - weltweit in allen wichtigen Shops

- Verdienen Sie an jedem Verkauf

Jetzt bei www.GRIN.com hochladen und kostenlos publizieren

Bibliografische Information der Deutschen Nationalbibliothek:

Die Deutsche Bibliothek verzeichnet diese Publikation in der Deutschen Nationalbibliografie; detaillierte bibliografische Daten sind im Internet über http://dnb.d-nb.de/ abrufbar.

Dieses Werk sowie alle darin enthaltenen einzelnen Beiträge und Abbildungen sind urheberrechtlich geschützt. Jede Verwertung, die nicht ausdrücklich vom Urheberrechtsschutz zugelassen ist, bedarf der vorherigen Zustimmung des Verlages. Das gilt insbesondere für Vervielfältigungen, Bearbeitungen, Übersetzungen, Mikroverfilmungen, Auswertungen durch Datenbanken und für die Einspeicherung und Verarbeitung in elektronische Systeme. Alle Rechte, auch die des auszugsweisen Nachdrucks, der fotomechanischen Wiedergabe (einschließlich Mikrokopie) sowie der Auswertung durch Datenbanken oder ähnliche Einrichtungen, vorbehalten.

Impressum:

Copyright © 2016 GRIN Verlag, Open Publishing GmbH
Druck und Bindung: Books on Demand GmbH, Norderstedt Germany
ISBN: 9783668564831

Dieses Buch bei GRIN:

http://www.grin.com/de/e-book/379342/auswirkung-des-menschenbildes-auf-die-paedagogische-arbeit-in-kindertageseinrichtungen

Nadine Clemen

Auswirkung des Menschenbildes auf die pädagogische Arbeit in Kindertageseinrichtungen

GRIN Verlag

GRIN - Your knowledge has value

Der GRIN Verlag publiziert seit 1998 wissenschaftliche Arbeiten von Studenten, Hochschullehrern und anderen Akademikern als eBook und gedrucktes Buch. Die Verlagswebsite www.grin.com ist die ideale Plattform zur Veröffentlichung von Hausarbeiten, Abschlussarbeiten, wissenschaftlichen Aufsätzen, Dissertationen und Fachbüchern.

Besuchen Sie uns im Internet:

http://www.grin.com/

http://www.facebook.com/grincom

http://www.twitter.com/grin_com

Hochschule Fulda
Fachbereich Sozialwesen
B.A.-Studiengang "Frühkindlich inklusive Bildung"
Wintersemester 2016/17

Modul O1
Sozialisations- und Entwicklungstheorien

Auswirkung des Menschenbildes auf die pädagogische Arbeit in Kindertageseinrichtungen

Nadine Clemen

Inhaltsverzeichnis

Inhaltsverzeichnis 1

1. Einleitung 2
2. Das Menschenbild des neuen Entwicklungsbegriffes 3
3. Positive Entwicklungsfaktoren von Kindern in
   Kindertageseinrichtungen 4
       3.1 Externe Faktoren 4
       3.2 Individuelle Faktoren 6
       3.3 Beziehungsgestaltung 7
4. Konsequenzen für die pädagogische Arbeit mit Kindern in
   Kindertageseinrichtungen 9
5. Fazit 10
6. Quellenangaben 12

1. Einleitung

Die Ihnen vorgelegte Hausarbeit befasst sich mit der Auswirkung des Menschenbildes auf die pädagogische Arbeit in Kindertageseinrichtungen . Zu Beginn werde ich auf die wissenschaftiche Perspektive des Menschenbildes der neuen Entwicklungstheorie eingehen. Die Inhalte zu diesem Punkt, beziehe ich überwiegend aus dem Studienbrifef "Einführung in die Entwicklungs- und Sozialisationstheorien" von Fabienne Becker-Stoll (2009) Hierbei handelt es sich um eine aktuelle Thematik welche ich kurz erläutern möchte..

Durch die Globalisierung und den starken Zuwachs an Flüchtlingen, kommt es zu einer starken kulturellen und ethnischen Durchmischung in Kindertageseinrichtungen (i.F. Kita). Durch die verstärkte Aufnahme von Familien mit Kindern in Deutschland, sind vor allem die Kitas dazu aufgerufen sich mit den steigenden Kinderzahlen und deren optimalen Förderung zu befassen (vgl. www.bildungsserver.de/fluechtlingskinder-in-kitas-11436.html).

Durch die vielen kulturellen Hintergründe, werden auch verschiedene Menschenbilder mit in die alltägliche Arbeit gebracht. Daher ist es von Nöten sich über sein eigenes Menschenbild bewusst zu werden. Das Bildnis von Menschen beeinflusst die Situation in den Kitas und stellt die Erzieher/innen und Kinder vor eine neue Herausforderung. Da wir aus der wissenschaftlichen Arbeit und deren Erkenntnissen profitieren können, ist es wichtig unter Umständen die Methodik in der pädagogischen Arbeit anzupassen. Daher zeige ich im Folgenden Teil meiner Hausarbeit Faktoren auf, welche zu einer positiven Entwicklung der Kinder beitragen können. Die Informationen hierzu habe ich aus dem Film „Kinder" von Reinhard Kahl (2008) entnommen. Abschließend möchte ich noch darauf eingehen welche Konsequenzen die Entwicklung der Kinder auf die Arbeit in den Kindertagesstätten hat.

2. Das Menschenbild des neuen Entwicklungsbegriffes

„Der Mensch ist ein Wesen, das beständig in und mit Bildern lebt. In solchen Bildentwürfen deutet er sich und legt sein Dasein aus, will er sich und den Mensch überhaupt verstehen" (zit. Meinberg 1988, 1). Das Zitat macht deutlich, dass das Menschenbild das Wesen eines Menschen beschreibt und ein vom Menschen konstruierter Begriff ist. Er definiert die Grenze zwischen Menschsein und nicht Menschensein. Jeder Mensch ist einzigartig, individuell und vielfältig. Eigenschaften und Vorstellungen des Menschenbildes werden durch die Meinung und Beeinflussung der Außenwelt geformt und geprägt und durch die eigene Auseinandersetzung weiterentwickelt (vgl. Gröschke 2008, 232 ff).

Ein ausgeprägtes Verständnis von Entwicklung zeigt sich in Bronfenbrenners ökologischer Entwicklungstheorie. Er ist der Meinung, dass Entwicklung eine dauerhafte Veränderung der Art und Weise darstellt, wie die Umwelt wahrgenommen wird und wie sich der Mensch mit dieser außeinandersetzt (vgl. Becker-Stoll 2009 ,9).

Bronfenbrenner teilt die Entwicklungskontexte in konzentrische Kreise ein und bezeichnet diese Strukturen als Mikro-, Meso-, Exo-, und Makrosysteme (vgl. a.a.O.10).

Das Mikrosystem bezieht sich auf die Interaktion im unmittelbaren Umfeld des Kindes. Eines dieser Mikrosysteme ist beispielsweise die Familie, ein anderes die Kindertageseinrichtung (vgl.ebd).

Zwei Mikrosysteme, die sich wechselseitig bedingen und beeinflussen, nennt Bronfenbrenner Mesosystem. Ein Beispiel hierfür ist die Wechselbeziehung zwischen dem Elternhaus und der Kinderrageseinrichtung (vgl. ebd).

Als dritten Kreis bezeichnet Bronfenbrenner das Exosystem. Hierbei ist das Kind nur indirekt beteiligt. Es betrifft besispielsweise den Vater des Kindes. Der Arbeitsplatz des Vaters hat somit Einfluss auf die Beziehung zwischen Kind und Vater. Das Makrosystem prägt alle drei ihm untergeordneten Systeme (Mikro,-Makro,-Exosystem)

Es beinhaltet Ideologien, Einstellungen, Überzeugungssysteme, Kultur, Werte- und Normensysteme. Dazu zählen ebenfalls die sozialen Netzwerke und Massenmedien (Vgl. ebd).

Der neue Entwicklungsbegriff nach Flammer als auch die ökologische Entwicklungstheorie nach Bronfenbrenner gehen davon aus, dass Entwicklung über die gesamte Lebensspanne vollzogen wird und nicht mit dem Jugendalter abgeschlossen ist. Das Verständnis der Entwicklung hat sich zunehmend weiterentwickelt und wurde über die Zeit komplexer. Es beschreibt die Wechselwirkung von verschiedenen Einflussfaktoren der Umwelt und der Anlagen in den unterschiedlichsten Phasen der Entwicklung in den verschiedensten Entwicklungsbereichen.

Diese Entwicklung wird als nachhaltige Veränderung von Kompetenzen definiert (vgl. Flammer 2009, 18ff nach Becker-Stoll 2009, 8). Dazu zählen sowohl die bleibenden Veränderungen als auch die kurzzeitigen Veränderungen. Jedoch kann man erst von einer grundlegenden Veränderung sprechen, wenn diese konstant aufgezeigt wird. Daraus können sich im Folgenden Kompetenzen entwickeln. Unter Kompetenzen werden die Erfahrungen des Einzelnen und die persönlichen Voraussetzungen für das Verhalten verstanden (vgl. ebd).

3. Positive Entwicklungsfaktoren von Kindern in Kindertageseinrichtungen

Der Mensch entwickelt sich im Laufe seines Lebens zu einem individuellen und einzigartigen Lebewesen. Sein Leben lang passt sich der Mensch den wechselnden Lebenssituationen an oder verändert diese. Im Hinblick auf die frühkindliche Bildung und dem Film "Kinder" (vgl. Kahl 2008) filterten sich drei Aspekte zu den Entwicklungsfaktoren heraus, die wie folgt in externe und individuelle Faktoren, sowie Beziehungsgestaltung untergliedert werden.

3.1 Externe Faktoren

Der Einfluss von Kindertagesstätten (i.F. Kitas) auf die Kinder wird hier unter dem Aspekt externe Faktoren verstanden. Diese externen Faktoren tragen dazu bei, die Eigeninitiative und das eigene Denken der Kinder zu fordern und zu fördern. So steht zum einen die Pädagogik der Kita im Vordergrund. Im Film "Kinder" spricht Reinhard Kahl davon, dass die Erzieher/innen viel Vertrauen in die Kinder haben und diesen viel zutrauen (vgl. Kahl 2008). Die Erzieher/innen versuchen einen abwechslungsreichen und interessanten Alltag zu gestalten, den Kindern dennoch genügend Freiraum zur Selbstentfaltung zu lassen (vgl. Schäfer in Kahl 2008).

Im Musikkindergarten Berlin geht es den Erzieher/innen darum, den Kindern freien Raum zu bieten. Sie stellen ihnen Musikinstrumente zur Verfügung, die sie erkunden und ausprobieren.

Für Fragen und Antworten stehen die Erzieher/innen sowie Musiker der Stadtoper Berlin zur Verfügung.

Im Film „Kinder" wird öfters die Raumgestaltung angesprochen. So sind Kitas bemüht, die Räume so zu gestalten, dass die Kinder auf eigene Faust die Umgebung sowie die Umwelt erkunden und erforschen können (vgl. Lübke in Kahl 2008).

Dazu wird im Film schon zu Beginn durch Herrn Lübke, den Kindertageseinrichtungsleiter der Kita Tornquiststraße in Hamburg gesagt, dass sie die freie Entscheidung der Kinder fördern wollen. Hierfür werden die Kinder animiert eigene Wege zu erklimmen, um sich im Gebäude zu orientieren und spezielle Wege zu gehen, z.b. zum Ausgang etc (vgl. ebd).

Zudem wird in mehreren Kindertageseinrichtugen zwischen den Innenräumen und Außenräumen unterschieden. Die Innenräume wirken sich zunehmend auf die Persönlichkeitsentwicklung aus. In der Kita Tornquiststraße gibt es dafür Bewegungs- und Entspannungsräume, wie beispielsweise die Burgenlandschaft. Herr Lübke beschreibt diese Räume als geschützte Öffentlichkeit. Die Kinder sollen sich sicher fühlen und nicht unter Stress geraten obwohl sie beobachtet werden. Der Außenraum ist ebenfalls ein wichtiger Ort für Kinder, der sie in ihrer Entwicklung voranbringt. Wie Kahl im Film „Kinder" sagt, stillt die Natur den Drang der Kinder neue Dinge zu entdecken und zu erforschen. Kinder entwickeln Fragen und fangen an selbstständig zu experimentieren. Zusätzlich entdecken sie ihre körperlichen Fähigkeiten und steigen an ihre Grenzen. Durch die unterschiedlichen Wahrnehmungserfahrungen, werden sowohl das sprachliche als auch das naturwissenschaftliche, logische Denken und das forschende sowie entdeckende Lernen gefördert (vgl. ebd, 18:10). Die Leiterin der Primaria Schule der Schweiz sagt dazu: „Wenn alles neue, mit Angst bestezt ist und keine Lust und Neugier weckt, dann ist Lernen und Entwicklung gefährdet."

Um neue Erfahrungen zu sammeln, muss man seine eigenen Grenzen überschreiten. Kinder gehen mit ihrer Angst an die Grenzen, gewinnen dadurch Sicherheit, wachsen an ihnen und stzen sich dann wieder neue Grenzen.

Lernen wird in diesem Sinne als die aktive selbstständige Aneignung mit allen Sinnen durch die Kinder verstanden.

Daraus schließend ist zu erhoffen, dass die Kinder automatisch einen Selbstorganisationsprozess durchlaufen und ein Selbstbildungspotential entwickeln, wodurch sie die benötigten Informationen zum richtigen Zeitpunkt eigenständig einholen können(vgl. Dr Wolf Singer in Kahl 2008, 16:00).

Aufgrund der genannten externen Faktoren, werden Kinder dazu inspiriert für sich allein zu denken und zu handeln. Dadurch werden die individuellen Fähigkeiten so angeregt, dass diese zum Vorschein kommen und das Kind sich weiter entwickeln kann.

3.2 Individuelle Faktoren

Durch eine optimale Gegebenheit der äußeren Faktoren, kann sich das Kind in der Kita frei entfalten. Im Film berichtet Herr Lübke davon, dass die Kleinen bereits eine 6,5 stündige Exkursion durch den Wald schaffen und trotz großer Anstrengung weiterhin wissbegierig und neugierig bleiben. Des Weiteren ist das Sozialverhalten schon im Alter von 18 Monaten sehr stark ausgeprägt. Die Kinder lassen andere Kinder an ihrem Wissen teilhaben, sind von sich aus bereit ihr Essen abzugeben und zu teilen, etc. (vgl. ebd).

In der Lernwerkstatt Natur in Mühlheim bekommen die Kinder viel Raum für sich. Sie sind den Vormittag im Wald in dem das "große Ausprobieren" beginnt. Kahl beschreibt dies als Forscherleben, bei dem die Kinder Dinge, sowie sich selbst anfangen wahrzunehmen.

Der Leiter der Lernwerkstatt spricht davon, dass die Kinder anfangen Kompetenzen zu entwickeln, wie beispielsweise Zusammenhänge herauszufinden. Dazu äußert sich Kahl wie folgt: „Die Kinder lernen, weil sie denken, nicht weil sie etwas lernen sollen, sie sind voll und ganz in Gedanken bei dem was sie machen"Das bedeutet, dass der Impuls vom Kind ausgeht, doch um das neue, eigenständige Denken zu fördern, braucht man Werkzeuge, sinnliche Mittel oder Instrumente und diese müssen immer wieder erneuert werden. Dabei kommen die äußeren Faktoren ins Spiel, die Impulse kommen zwar vom Kind, die Mittel jedoch stellen die Erwachsenen zur Verfügung.

Ein weiteres Beispiel wird von Frau Schultebrauchs-Burghar, der Schulleiterin der Grundschule Kleine Kielstraße in Dortmund, gebracht. Hierbei handelt es sich um eine Schule in einem sozialen Brennpunkt mit Heterogenen Klassen. Die Klassenlehrerin arbeitet für jede Schülerin und jeden Schüler (i.f. SuS) einen individuellen und maßgeschneiderten Wochenplan aus. Jeder der SuS arbeitet eigenständig auf seinem Niveau und muss sich anstrengen um sein Ziel zu erreichen. Wie in der Lernwerkstatt Natur in Mühlheim, ist die Lehrerin die Person, welche den SuS die Mittel zur Verfügung stellt. Die Kinder geben die Impulse, lernen jedoch eigenständig und das immer und überall. Das Endprodukt dieses arbeitens, zeigt zum einen die Teamfähigkeit der Kinder, sie helfen und unterstützen sich gegenseitig.auf der anderen Seite, arbeiten die SuS sehr konzentriert und selbstständig. Das diese Faktoren nicht die einzig wichtigen sind, werden im Folgenden Punkt näher beschrieben.

3.3 Beziehungsfaktoren

Ein weiterer großer Faktor spielt die Beziehungen. Kinder benötigen eine Bezugsperson, die sie bei ihrem Forschungs- und Entdeckungsdrang unterstützt, sie herausfordert und ihnen zusätzlich Erfahrungsmöglichkeiten eröffnet. Dabei ist es wichtig, dass die Kinder eine intensive, emotionale und Sicherheit vermittelnde Beziehung zu der Bezugsperson aufbauen. Meist ist diese Bezugsperson- neben der Mutter- ein/e Erzieher/in. Die Kinder fordern hierbei die Aufmerksamkeit dieser Bezugsperson ein, um mit ihr die Gefühle und Emotionen zu teilen.
Hierbei gestalten die Kinder den Kontakt aktiv mit. Sie suchen Verbundenheit, die Aufmerksamkeit, Sicherheit und grenzen sich auch von Personen ab.
Es ist wichtig, dem Kind ausreichend Freiraum zu lassen und dieses nicht zu bedrängen, da das Kind selbst entscheiden kann, bei welcher Person es sich sicher und geborgen fühlt. Aufgrund der gegebenen Sicherheit fängt das Kind an, seine Umgebung zu erkunden, das Verhalten anderer Kinder zu studieren, eigene Möglichkeiten sowie Fä-

higkeiten zu entdecken. Neben den Erwachsenen sind somit auch andere Kinder daran beteiligt, ob und wie sich ein anderes Kind weiterentwickelt. Hilfreich hierbei ist die Heterogenität in den Gruppen. Durch das rege Austauschen von Erfahrungen, Meinungen und Wissen, bilden sich die Kinder untereinander fort. Im Film „Kinder" (Kahl, 2008) beschreibt Prof. Dr. Gerd E. Schäfer, dass Kinder durch ihr Experimentieren eigene Theorien aufstellen, diese mit anderen Kindern teilen und andere Meinungen wertschätzen. So haben die Kinder beispielsweise etwas im Wald herausgefunden. Sie diskutieren mit anderen Kindern und kommen zu einer eigenen Theorie. Um ihr Wissen zu einem speziellen Thema zu erweitern, fragen sie bei den Erwachsenen nach. Die neuen Erkenntnisse geben die Kinder anschließend an andere Kinder weiter. Dadurch kommt es zu einem Ergebnis, welches in der Gruppe versucht wird umzusetzen. Jedes Mitglied der Peer-group hat seine individuelle Aufgabe und spielt eine tragende Rolle beim Wissenszuwachs.

Aufgrund aktiven Forschens lernen die Kinder aus der Wirkung ihrer Tätigkeit. Durch zusätzlich genügend individuellen Freiraum können Kinder ihrem Forschungsdrang nachgehen, Fähigkeiten und Kompetenzen entwickeln, die wiederum andere Kinder anregen sich zu entwickeln.

Erzieher/innen unterstützen und ermutigen die Kinder im Begreifen und Entdecken, helfen Zusammenhänge herzustellen und setzen am Selbstbildungspotential an.

4. Konsequenzen für die pädagogische Arbeit mit Kindern in Kindertageseinrichtungen

Die Thematik dieses Punktes behandelt die Konsequenzen der pädagogischen Arbeit in Kindtgeseinrichtungen (i.f. Kitas). Ein wichtiges Thema spielt dabei das Menschenbild. Wie anfangs genannt, kommt es durch die Globalisierung zu einem starken Zuwachs an Flüchtlingen. Dies hat zur Folge das es in den Kitas zu einer kulturellen und ethnischen Durchmischung der Kinder kommt. Dadurch sind vor allem die Einrichtungen aufgerufen sich mit einer optimalen Förderung von Kindern zu befassen (vgl. www.bildungsserver.de/fluechtlingskinder-in-kitas-11436.html).Das neue Menschenbild geht davon aus, dass der Mensch ein soziales Wesen ist. Somit werden Kinder durch soziale Gruppen beeinflusst und lernen voneinander. Die in Punkt 3.1 genannte Pädagogik der Kita spielt somit eine große Rolle. Dementsprechen ist es wichtig, dass die Einrichtungen sich auf die Kinder und ihre Bedürfnisse einlassen und sich diesen anpassen.

Hierbei spielt die Gruppierung eine große Rolle. Wie im Film "Kinder" (Kahl 2008) gezeigt, bestehen die Kindertageseinrichtungen aus Heterogenen Gruppen. Die Kinder kommen aus unterschiedlichen Familienverhätnissen, haben unterschiedliche Kulturelle und etnischen Vorstellungen und sind unterschiedlich alt. Durch ein gemeinsames Leben, Spielen und Lernen innerhalb der Einrichtungen, werden die Kinder sozial und entwickeln eigene Kompetenzen. Die Kinder haben die Möglichkeit in den Gruppierungen ihre Entwicklung mit zu gestalten.

Prof.Dr.Gerd E. Schäfer spricht davon, dass die Gestaltung des Alltags wichtiger ist als jedes Programm. Durch eigenständiges experimentieren und spielen, entwickeln sie eigene Theorien. Hierbei durchlaufen sie einen Lernprozess in dem sie hochkonzentriert arbeiten. Dies ist jedoch nur möglich, wenn den Kindern genügend Freiraum zur Selbstentfaltung gelassen wird (vgl. ebd)

Ein weiterer Punkt spielt die Umgebung die den Kindern in den Kindertageseinrichtungen geboten wird. Im Film wird deutlich, das die

Raum- und Umgebungsgestaltung eine sehr große Rolle für die Entwicklung der Kinder spielt. Diese trägt dazu bei, die unterschiedlichsten Wahrnehmungserfahrungen kennenzulernen, die sich positiv auf das Lernen und Denken der Kinder auswirkten.

5. Fazit

Im Film "Kinder" (Kahl 2008) werden die verschiedensten Formen und Konzepte von Kindertageseinrichtungen sowie die Gestaltung des Alltags vorgestellt. In meinen vorigen Punkten handelt es sich um die positiven Entwicklungsfaktoren von Kindern in Kindertageseinrichtungen (i.F. Kita), sowie die daraus resultierenden Konsequenzen für die pädagogische Arbeit in diesen. Die Aspekte gliedern sich in äußere sowie individuelle Faktoren als auch in Beziehungsgestaltung. Auch wenn man die Aspekte in diese Punkte grob einteilen kann, sind es keine eigenständigen Punkte. Jeder dieser Faktoren bedingen einen anderen. Die äußeren Faktoren werden von der Kita vorgegeben. Es ist beispielsweise die Raumgestaltung und die Motivation welche die Kita vertritt und die Gestaltung des Alltags welche wichtige Punkte sind. Durch diese gegebenen Aspekte, ist es möglich das sich das Kind selbst ausprobieren kann und die Individuellen Fähigkeiten zum Vorschein kommen. Diese Individuellen Fähigkeiten können jedoch ebenfalls erst zum erwachen kommen wenn das Kind sich in seiner Umgebung wohl fühlt. Dazu benötigt das Kind eine Bezugsperson. Neben der Mutter ist es in einer Kita meist ein/e Erzieher/in. Durch diese Sicherheit vermittelnde Bezugsperson ist es möglich dass das Kind sein Umfeld erforschen kann. Somit lernt es neue Kinder und Situationen kennen. Durch genügend Freiraum aber auch Schutz durch die Bezugsperson, kann sich das Kind frei entfalten und seine Kompetenzen und Fähigkeiten ausbauen. Durch weitere Interktionen mit anderen Kindern, ist es dem Kind möglich, seine Fähigkeiten weiterzuentwickeln.

Somit gibt es viele verschiedene Aspekte, die auf die soziale, emotionale und kognitive Entwicklung der Kinder wirken. Dies wären die Pädagogik der Kitas und ihre Mitarbeiter, die Gestaltung der Räumlichkeiten und die dadurch erbrachten abwechslungsreichen Möglichkeiten neue Erfahrungen zu sammeln.

6. Quellenangaben:

1. URL:www.bildungsserver.de/fluechtlingskinder-in-kitas-11436.html (Stand:27.10.16)

2. Dieter Gröschke, Heilpädagogisches handeln - Eine Pragmatik der Heilpädagogik, Julius Klinkhardt Verlag, Bad Heilbrunn 2008

2. Aydin Süer, Menschenbilder der Moderne 12.08.13 in bpd URL:http://www.bpb.de/apuz/166645/menschenbilder-der-moderne? p=all (Stand. 15.10.16)

3. Eckhard Meinberg, Das Menschenbild der modernen Erziehungswissenschaften, Wissenschaftliche Buchgesellschaft Darmstadt, 1988

4. Fabienne Becker-Stoll, Einführung in die Entwicklungs- und Sozialisationstheorien, Fulda 2009

5. Reinhard Kahl, Kinder, 2008, Film

6. Hans-Jürgen Röhrig, Religionsunterricht mit geistigbehinderten Schülern – aber wie? 2.Auflage 2001 Neukirchen-Vluyn: Neukirchener Verlag

BEI GRIN MACHT SICH IHR WISSEN BEZAHLT

- Wir veröffentlichen Ihre Hausarbeit, Bachelor- und Masterarbeit

- Ihr eigenes eBook und Buch - weltweit in allen wichtigen Shops

- Verdienen Sie an jedem Verkauf

Jetzt bei www.GRIN.com hochladen und kostenlos publizieren